やる気スイッチが入る！

アインシュタイン式

子どもの論理脳ドリル

新装版

アインシュタイン研究会／編

実業之日本社

はじめに ～"やる気スイッチ"が入る！～
Albert Einstein

【"楽しい"ことはだれでも夢中になる。
　　　　　　楽しいことを見つけよう!!】

「教えるということは、こちらが差し出したものがつらい義務ではなく、貴重な贈り物だと感じられるようなことであるべきだ」

—アルベルト・アインシュタイン

　ゲームで遊んでいるときは、あっという間に時間が経ってしまうのに、嫌いな授業のときはなかなか時計が進まない。こんな経験はだれでもあると思います。不思議なことに、同じ時間なのに進むスピードがまったく違うように感じられるのです。この場合、あっという間に過ぎた時間のほうが中身が薄いのでしょうか？　それは違います。夢中になっていたときのほうが中身の濃いことをしているのです。

　では、夢中になるときと、なれないときの分岐点はなんでしょうか？　それは"やる気スイッチ"が入るかどうかです。やる気スイッチさえ入ってしまえば、放っておいても充実した時間を過ごすことができるのです。それならば、お子さんが勉強をするとき、やる気スイッチをONにしたいですよね。

　そこで問題になるのが、そのスイッチの入れ方です。それは、上記のアインシュタイン博士の言葉にヒントが隠されています。素敵なプレゼントをもらったとき、人間はどんな気持ちになるでしょうか？　うれしい、楽しいなどの感情がわいてくるはずです。それと同じ感覚は、たとえ偶然だとしても、解答を導き出せて、なおかつそれを褒められたときにも得られます。やる気スイッチが入るまでは、30点のテストでも、不正解だった70点の部分は目をつぶり、正解だった30点のところだけを見てあげるといいでしょう。勉強＝褒められるという認識となれば、勉強に対するやる気スイッチがきっと入るはずです。

　本書では制限時間を設けていません。問題を解くペースは子どもによって違うからです。早ければいいというわけではありません。それよりも、夢中になって解いているかを見てください。

　本書がお子さんにとっての『貴重な贈り物』のひとつになり、やる気スイッチを入れる手助けになってくれれば幸いです。

※本書は小学1年生～6年生向けですが、親子で取り組めば5歳から楽しめます。

Index もくじ

【本書の遊び方】

下記のようにして、答えを導き出します。

問題 **0** メロンを好きなのはどこの国の人？

月　日

▲ここには、問題を解いた日にちを書き入れるんじゃよ。

チェック　ヒント

- □ ① スイス人はバナナ好き
- □ ② 赤の家は緑の家の左どなり
- □ ③ ドイツ人は真ん中
- □ ④ マンゴー好きはバナナ好きのとなり
- □ ⑤ イギリス人は紫の家
- □ ⑥ 緑の家は端

0	左	真ん中	右
国籍			
好きなフルーツ			
家の色			

---

1. まず、ヒント③よりドイツ人を真ん中の枠に入れます（枠の中には色字の部分のみ入れます）。

0	左	真ん中	右
国籍		ドイツ	
好きなフルーツ			
家の色			

2. 次に、ヒント⑥とヒント②を連動させて考えます。ヒント⑥より緑の家は右端か左端に入ることがわかります。ヒント②より緑の家の左どなりに赤の家があることがわかります。緑の家が左端にあると、赤の家が入りません。そこで、緑の家を右端に、赤の家を真ん中に入れます。

0	左	真ん中	右
国籍		ドイツ	
好きなフルーツ			
家の色		赤	緑

3. 次に、ヒント⑤を使います。紫の家が入る枠は左端しかありません。そこで左端に紫の家とイギリス人を入れます。

O	左	真ん中	右
国籍	イギリス	ドイツ	
好きなフルーツ			
家の色	紫	赤	緑

4. 次に、ヒント①を使います。スイス人が入る枠は右端しかありません。そこで右端にスイス人とバナナを入れます。

O	左	真ん中	右
国籍	イギリス	ドイツ	スイス
好きなフルーツ			バナナ
家の色	紫	赤	緑

5. 次に、ヒント④を使います。バナナのとなりは真ん中の枠になります。そこで真ん中にマンゴーを入れます。

O	左	真ん中	右
国籍	イギリス	ドイツ	スイス
好きなフルーツ		マンゴー	バナナ
家の色	紫	赤	緑

6. 最後は問題文に注目します。メロンが入る枠は左端しかありません。そこで左端にメロンを入れます。

O	左	真ん中	右
国籍	イギリス	ドイツ	スイス
好きなフルーツ	メロン	マンゴー	バナナ
家の色	紫	赤	緑

以上の結果から、答えは【イギリス】ということになります。

【本書の注意点】

本書の問題を解くにあたり、下記の注意点を読んでください。

★ 枠の中に入るワードはすべて異なります。1つの問題で、同じワードが2つ以上の枠の中に入ることはありません。

★ ヒントの中の色字で書かれているワードは、必ず表のいずれかの枠の中に入ります。

★ ヒントを使う順番は、ヒントの番号とは異なります。また、ヒントの使い方によっては、すべてのヒントを使う前に答えが出る可能性もあります。

★ ヒントを使ったあと、ヒントの番号の左横にあるチェック欄（□）にチェックを入れると、使ったヒント、まだ使っていないヒントを区別できます。

Level
レベル 1

チェック　ヒント

☐ ① あおいちゃんは左にいる

☐ ② りんちゃんは端にいる

☐ ③ カレーを好きなのはひなちゃん

☐ ④ ハンバーグを好きな人は赤の服の人の左どなり

☐ ⑤ スパゲティを好きな人は黄の服の人

この問題をやるみんなに、わしからアドバイスを送るぞい。まずはわかるところからやることがポイントじゃ!!

1	左 （ひだり）	真ん中 （まなか）	右 （みぎ）
名前（なまえ）			
好きな料理（すきなりょうり）			
服の色（ふくのいろ）			

答え（こたえ）＿＿＿＿＿＿＿＿＿＿＿＿＿＿＿

メモ 問題を解くときに使ってね（もんだいをとくときにつかってね）

もんだい

す の もの

がつ にち

月 日

チェック ヒント

□ ① モノレールを好きな人は150cmの人の2つとなり

□ ② ケーブルカーを好きな人は140cmの人の2つ右

□ ③ ロープウェイを好きな人はゆうまくんの左どなり

□ ④ なおきくんは130cmの人のとなり

おや？ これはヒント①ではどこにワードが入るかわからないのう。ヒント②ならなんとかなりそうじゃぞ。

2	左 ひだり	真ん中 ま　なか	右 みぎ
名前 な　まえ			
好きな乗り物 す　　　の　もの			
身長 しんちょう			

答え
こた

メモ　問題を解くときに使ってね
もんだい　と　　　　　つか

問題 3 あやのちゃんの Tシャツの色は？

チェック　ヒント

□ ① ダリアを好きな人は黒のTシャツの人の右どなり

□ ② みづきちゃんはかのんちゃんのとなり

□ ③ 青のTシャツの人は左にいる

□ ④ ヒマワリを好きなのはかのんちゃん

□ ⑤ アサガオを好きな人は緑のTシャツの人のとなり

まずはヒント③を使うようじゃな。その次と、さらにその次は『Tシャツの色』が書いてあるヒントを使うといいようじゃぞ。

③	左 ひだり	真ん中 ま なか	右 みぎ
名前 な まえ			
好きな花 す はな			
Ｔシャツの色 ティー いろ			

答え
こた

メモ 問題を解くときに使ってね
もんだい と つか

アマゾン川って知ってる？

　みんなは地球がボールのように球体なのは知っているじゃろ。では、日本の裏側にはなにがあるか知っているかの？　南米大陸という大きな大陸があるんじゃ。そこには世界でいちばん大きな川（流域面積）があるんじゃが、みんなは知っているかのう？　その川の名前は『アマゾン川』というんじゃ。アマゾン川はブラジル、ペルー、ボリビア、コロンビア、エクアドル、ベネズエラと6つ以上の国をまたいで流れておって、川はところどころで枝分かれしており、本流以外に1,100以上の支流（分かれた川）があるそうなんじゃよ。

さて、ここでそのアマゾン川に関する問題じゃ。

問題①

アマゾン川の長さはどれくらいかな？　ちなみに日本の国土の長さは南北に約3000kmじゃぞ。

A．約4500km　　B．約6500km　　C．約9500km

解答

諸説あります。

問題②

アマゾン川の河口（川が海に流れ出るところ）の幅はどれくらいあるんじゃろうか？
測り方によっていろいろな説があるんじゃが、一般的にいわれているのは次のうちどれかの？

A．約350km（東京⇔名古屋間）　　B．約670km（東京⇔愛媛間）

C．約900km（東京⇔福岡間）

解答

諸説あります。

問題③

みんなは昆虫は好きかな？　アマゾンには多くの虫がいるんじゃが、何種類くらいいるかの？

A．約1万種類　　B．約10万種類　　C．100万種類以上

解答

解答は122ページへ

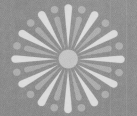

Level
レベル**2**

チェック　ヒント

☐ ① カマキリを好きな人はカナブンを好きな人の左どなり

☐ ② カメムシを好きな人は視力0.8の人の左どなり

☐ ③ そらくんは視力1.5

☐ ④ ゆうくんは視力2.0の人の右どなり

おっと、これは4問目にして難しい問題じゃな。はじめはヒント①と②をいっしょに使うんじゃ。じっくり考えるんじゃぞ。

4	左 (ひだり)	真ん中 (ま なか)	右 (みぎ)
名前 (な まえ)			
好きな虫 (す むし)			
視力 (しりょく)			

答え (こた)

メモ　問題を解くときに使ってね (もんだい と つか)

問題 5 　紫の帽子の人はだれ？

月　日

チェック　ヒント

☐ ① ピーマンを好きな人はあいりちゃんの右どなり

☐ ② なつみちゃんはめいちゃんの2つとなり

☐ ③ キャベツを好きな人は紺の帽子

☐ ④ ニンジンを好きな人はめいちゃんの左どなり

☐ ⑤ 茶の帽子の人は紺の帽子の人のとなり

ふむふむ、この問題も2つのヒントをいっしょに考えるようじゃ。ヒント②と④を合わせて考えてみてくれい。

5	左 _{ひだり}	真ん中 _{ま なか}	右 _{みぎ}
名前 _{な まえ}			
好きな野菜 _{す や さい}			
帽子の色 _{ぼう し いろ}			

 答え
_{こた}

メモ 問題を解くときに使ってね
_{もんだい と つか}

チェック　ヒント

- [ ] ① 40kgの人の両どなりはけんとくんとれんくん
- [ ] ② フルートを好きなのはけんとくん
- [ ] ③ バイオリンを好きな人は30kgの人の右どなり
- [ ] ④ ピアノを好きな人はりょうたくんの左どなり

こ、こ、これはかなりの難問じゃぞい!!
ヒント①と④と②の3つを同時に考える
んじゃ。焦らないでやるんじゃぞい!!

6	左 ひだり	真ん中 ま なか	右 みぎ
名前 な まえ			
好きな楽器 す がっき			
体重 たいじゅう			

答え こた _____

メモ 問題を解くときに使ってね もんだい と つか

みんな、スポーツは好きかの？　得意な人もいれば、そうでもない人もいるじゃろうが、それでも身体を動かすことは楽しいことじゃ。みんなで仲良くスポーツをエンジョイしてくれい!!

さて、スポーツには走ったり、投げたり、蹴ったりといろいろな動きがあるが、ジャンプするという動きもある。このページでは、そのジャンプ力が上がるコツを伝授するぞい。

では、さっそく実験じゃ。次の3つの方法でジャンプしてみてくれい。どのやり方がいちばん高く跳べるかわかりやすいように壁のそばで跳んで手で壁をタッチするといいぞい。いずれも両足で踏み切って跳ぶんじゃぞ!!

①その場でジャンプ　　②軽く助走をつけてジャンプ　　③速く走り込んでジャンプ

どうじゃったかの？　わしの周りにいる人たちはみんな、軽く助走をつけた方法がいちばん高く跳べたと言っているぞい。スポーツでジャンプするといったら、バスケットボールのレイアップシュートやバレーボールのアタック、サッカーのジャンピングヘッドが代表的じゃが、アタックやジャンピングヘッドはボールを前方に強く飛ばしたいわけだから、そういう意味でもその場で立ってのジャンプより助走をつけてのジャンプのほうが勢いがついて効果的なんじゃよ。だから、すばやく落下地点に入って真上に跳ぶより、ボールの落下に合わせてゆっくり走り込んでジャンプするといいんじゃ。ただし、子どもの頃はあまりヘディングはしないほうがいいそうじゃから、やりすぎないように気をつけてくれい!!

では、もう1つ高く跳べるコツを伝授するぞい。それは腕を使う方法じゃ。ジャンプする前に膝を曲げるとき、両腕を身体の後ろにもっていくんじゃ。次に両腕を力強く上げるとともに、その勢いを使ってジャンプするんじゃ。

⑤腕振りの勢いで両足ジャンプ

④両腕を後ろに振って

どうじゃ？　今までより高く跳べたじゃろう。ただし、人によって最適なフォームは微妙に違う。野球選手の投げ方や打ち方、サッカー選手の蹴り方や止め方もみんな同じではないじゃろう。だから、このやり方もそのまんまやるのではなく、自分なりに工夫することが大切なんじゃぞ!!

Level
レベル **3**

チェック　ヒント

☐ ① みほちゃんはブルーの靴

☐ ② 『Z』を好きな人はレッドの靴

☐ ③ みほちゃんはゆうこちゃんのとなりではない

☐ ④ れなちゃんはホワイトの靴の人の右どなり

☐ ⑤ 『J』を好きなのはゆうこちゃん

いくつかのヒントをセットで考えるのにも慣れてきたかの。ここでもヒント③と④と①をいっしょに使うんじゃぞ。

7	左 (ひだり)	真ん中 (ま なか)	右 (みぎ)
名前 (な まえ)			
好きな (す) アルファベット			
靴の色 (くつ いろ)			

答え (こた え)

メモ 問題を解くときに使ってね (もんだい と つか)

チェック　ヒント

☐ ① 7歳の人は11歳の人より右

☐ ② 教室を好きな人はえいたくんの右どなり

☐ ③ たいちくんはえいたくんの左どなり

☐ ④ 校庭を好きな人は9歳

☐ ⑤ 図書室を好きな人はりくくんのとなり

3くみ

1-3

この問題も少し難しいのう。えいたくんが2つのヒントに出てくるので、その2つをいっしょに考えるといいようじゃぞ。

8	左 <small>ひだり</small>	真ん中 <small>ま なか</small>	右 <small>みぎ</small>
名前 <small>な まえ</small>			
好きな <small>す</small> 学校の場所 <small>がっこう ば しょ</small>			
年齢 <small>ねんれい</small>			

答え
<small>こた</small>

メ モ 問題を解くときに使ってね
<small>もんだい と つか</small>

問題 9 ピンクのバッグの人はだれ？

月　日

チェック　ヒント

- ☐ ① 空手を好きな人はみらいちゃんの左どなり
- ☐ ② 柔道を好きな人はかおりちゃんの左どなり
- ☐ ③ 空手を好きなのはゆきなちゃん
- ☐ ④ シルバーのバッグの人はピンクのバッグの人より左
- ☐ ⑤ 剣道を好きな人はゴールドのバッグ

おお、この問題もヒントを3つ同時に考える必要がありそうじゃ。 ずばり、ヒント①と③と②をいっしょに考えるんじゃぞ!!

9	左 ひだり	真ん中 ま なか	右 みぎ
名前 な まえ			
好きな武道 す ぶ どう			
バッグの色 いろ			

答え
こた

メモ 問題を解くときに使ってね
もんだい と つか

日本には1月〜12月にそれぞれ別の呼び方があるんじゃ。例えば新暦の"1月"は旧暦では"睦月（むつき）"というんじゃ。下の表に各月の別名とその名前がつけられた由来をまとめたぞい。由来はいちばん有名な説を選んでおるぞ!! 新暦と旧暦は一カ月ちょっとずれていて、例えば旧暦の1月のはじめは今の2月中旬くらいなんじゃ。

月	別の呼び方	名前の由来
1月	睦月（むつき）	正月に親族が集まって睦む（仲良くする、親しむ）月だから『睦月』というようじゃ。ちなみに、睦は仲睦まじいなどに使う漢字じゃぞい。
2月	如月（きさらぎ）	まだまだ寒い時期で、衣をさらに着る月なので『衣更着＝如月』ということじゃな。
3月	弥生（やよい）	"弥"とは、広く、とか、ますます、の意味。草木が広く生い茂る月で『弥生』なんじゃ。ちなみに弥は、「弥が上にも盛り上がる」などにも使う漢字じゃぞ。
4月	卯月（うづき）	十二支の4番目が"卯"なので4月のことを『卯月』と呼ぶようになったそうじゃ。植物の『卯の花』は、卯月に咲くからそう呼ばれているんじゃ。
5月	皐月（さつき）	5月は田植えを始める月のため『早苗月』と呼んでいたそうじゃが、それが短くなって『皐月』となったようじゃな。
6月	水無月（みなづき）	梅雨で雨がたくさん降って、天に水がなくなってしまうということで『水無月』というようになった説が有名じゃ。
7月	文月（ふみづき）	7月の風物詩といえば七夕が有名じゃ。その七夕に詩歌を書いて飾ったり、書物を夜風にさらす風習があったので7月を『文月』というそうじゃ。
8月	葉月（はづき）	旧暦の8月は今でいう秋なので、木の葉が落ちる頃なんじゃ。そこで、『葉落ち月』→『葉月』となった説が有力じゃ。
9月	長月（ながつき）	秋は日没が早いことから、秋の夜は長いといわれておる。そこで『夜長月』→『長月』となったそうなんじゃ。
10月	神無月（かんなづき）	出雲大社に全国の神様が集まって一年の話をするため出雲以外には神様がいなくなるので『神無月』というんじゃ。逆に、神様がいる出雲では『神在月（または神有月）』というぞい。
11月	霜月（しもつき）	気温がだんだんと下がり、霜が降り始める月ということから11月を『霜月』と呼ぶそうじゃ。
12月	師走（しわす）	師とは僧侶、つまりお坊さんのことじゃな。12月はお坊さんが仏事で忙しく走り回ることから『師走』と呼ばれるようになったそうじゃ。

　では、ここで問題じゃ。下にアミダがあるじゃろ。ところがこのアミダ、このままだと正しい月のところにたどり着かないようじゃ。そこでみんなには、横線を3本だけ書き足して、各月と別名が正しく結ばれるようにしてもらいたいんじゃ。

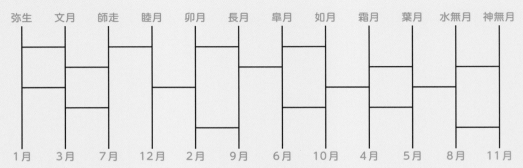

弥生　文月　師走　睦月　卯月　長月　皐月　如月　霜月　葉月　水無月　神無月

1月　3月　7月　12月　2月　9月　6月　10月　4月　5月　8月　11月

解答は122ページへ

Level
レベル **4**

チェック　ヒント

☐ ① プリンを好きな人はしし座の人の2つ左

☐ ② ドーナツを好きな人はいて座

☐ ③ じゅんくんはおうし座

☐ ④ ババロアを好きな人は左から2番目にいる

☐ ⑤ たつやくんははるとくんの2つ右

☐ ⑥ エクレアを好きな人はてんびん座の人のとなり

この問題は今までの問題と比べると簡単なようじゃ。1つ1つのヒントを見て、わかるところから書いていくんじゃ。

10	左 <small>ひだり</small>	－	－	右 <small>みぎ</small>
名前 <small>な まえ</small>				
好きなお菓子 <small>す　　　　か し</small>				
星座 <small>せい ざ</small>				

答え
<small>こた</small> _____

メモ 問題を解くときに使ってね
<small>もんだい と つか</small>

チェック　ヒント

- [ ] ① タンクローリーを好きな人はあんなちゃんのとなり
- [ ] ② ショベルカーを好きなのはようこちゃん
- [ ] ③ フォークリフトを好きな人は右から2番目にいる
- [ ] ④ ＡＢ型の人はゆいちゃんの2つとなり
- [ ] ⑤ ダンプを好きな人はみさきちゃんの2つ右
- [ ] ⑥ Ｂ型の人はＯ型の人の右どなり

この問題もそう難しくはないようじゃぞ。
ところでわしの血液型はＯ型なんじゃが、
みんなは何型かのう？

11	左 (ひだり)	―	―	右 (みぎ)
名前 (なまえ)				
好きな働く車 (す はたら くるま)				
血液型 (けつえきがた) A AB B O				

答 (こた) え _____

メモ 問題 (もんだい) を解 (と) くときに使 (つか) ってね

『赤とんぼ』を
好きな人はだれ？

月　日

チェック　ヒント

☐ ① たいようくんはわたるくんの2つ左

☐ ② こうたくんは1組の人の2つ右

☐ ③ とおるくんは3組の人の右どなり

☐ ④ 『しゃぼん玉』を好きな人は4組の人の2つとなり

☐ ⑤ 『虫のこえ』を好きな人は2組の人の右どなり

☐ ⑥ 『赤とんぼ』を好きな人は『こいのぼり』を好きな人より右

またまた難問の登場じゃ。ここは『名前』が入っている3つのヒントをいっしょに考えるといいようじゃな。

12	左 <small>ひだり</small>	ー	ー	右 <small>みぎ</small>
名前 <small>な まえ</small>				
好きな童謡 <small>す どうよう</small>				
クラス **1-3**				

答え
<small>こた え</small>

<small>メモ</small> 問題を解くときに使ってね
<small>もんだい と つか</small>

クイズ③　大きな数字を知ろう！

みんなは数字の『位』のことを知っているかのう？

例えば『1は一（いち）』、0が1つ付く『10は十（じゅう）』、0が2つ付く『100は百（ひゃく）』という。このくらいまでは知っている人も多いじゃろう。

もっと大きくなって、0が3つ付く『1000』や、0が4つ付く『10000』はどうじゃろうか？

『1000は千（せん）』、『10000は万（まん）』じゃと？　うむ、さすが、正解じゃ。

さらに、もっともっと大きな位にも呼び方があるんじゃ。

今回はそれを紹介しよう。

0の数	呼び方
1個	十（じゅう）
2個	百（ひゃく）
3個	千（せん）
4個	万（まん）
5個	十万（じゅうまん）
6個	百万（ひゃくまん）
7個	千万（せんまん）
8個	億（おく）
12個	兆（ちょう）
16個	京（けい）
20個	垓（がい）

ここからは0がひとつ増えるごとに十、百、千が付くぞい。

これ以降も『万』と同じように十、百、千が付くので、それは省略するぞい。

0の数	呼び方
24個	秭（し）
28個	穣（じょう）
32個	溝（こう）
36個	澗（かん）
40個	正（せい）
44個	載（さい）
48個	極（ごく）
52個	恒河沙（ごうがしゃ）
56個	阿僧祇（あそうぎ）
60個	那由多（なゆた）
64個	不可思議（ふかしぎ）

さて、ここで問題じゃ。

"0"が68個並ぶ位の呼び方はなにかな？　次の3つから選んでくれい。

A．無量大数（むりょうたいすう）

B．摩訶不思議（まかふしぎ）

C．無限大数（むげんたいすう）

解答 ___

解答は122ページへ

Level
レベル**5**

チェック　ヒント

- ☐ ① りこちゃんとさちこちゃんは端にいる
- ☐ ② 体育を好きなのはともこちゃん
- ☐ ③ イエローの財布の人はゆなちゃんのとなり
- ☐ ④ 音楽を好きな人はりこちゃんの左どなり
- ☐ ⑤ 国語を好きな人はパープルの財布の人の右どなり
- ☐ ⑥ 算数を好きな人はグリーンの財布の人の左どなり

りこちゃんが2つのヒントに出てくるようじゃな。ということは、この2つのヒントをいっしょに考えるといいかもしれんの。

13	左 (ひだり)	ー	ー	右 (みぎ)
名前 (なまえ)				
好きな教科 (す きょうか)				
財布の色 (さいふ いろ)				

答 (こた) え _____

メモ 問題 (もんだい) を解 (と) くときに使 (つか) ってね

041

チェック　ヒント

□ ① ラグビーを好きな人はかいとくんの3つとなり

□ ② テニスを好きな人はよしおくんの右どなり

□ ③ ゴルフを好きな人は10番

□ ④ サッカーを好きな人はラグビーを好きな人の2つ左

□ ⑤ いつきくんは44番の人のとなり

□ ⑥ こたろうくんは7番

この問題はラグビーが2つのヒントに登場するぞい。それと、ヒント⑤と⑥をいっしょに使うところも出てくるようじゃ。

14	左 <small>ひだり</small>	―	―	右 <small>みぎ</small>
名前 <small>な まえ</small>				
好きな <small>す</small> スポーツ				
背番号 <small>せ ばんごう</small> 10				

答<small>こた</small> え

メ モ 問題を解くときに使ってね
<small>もんだい と つか</small>

もんだい

い ひと

月　日

がつ　にち

- □ ① イタリアに行きたい人はドイツに行きたい人の2つ右
- □ ② 『P』を好きな人は左から2番目にいる
- □ ③ ひなたちゃんはスペインに行きたい
- □ ④ 『D』を好きな人はあゆみちゃんの2つ左
- □ ⑤ 『K』を好きな人はすみれちゃんのとなり
- □ ⑥ 『Y』を好きなのはくみこちゃん

みんなの行きたい国はどこかの？　この問題はそう難しくないので、自分の力だけでやってみてくれい!!

15	左 _{ひだり}	ー	ー	右 _{みぎ}
名前 _{なまえ}				
好きな アルファベット _す				
行きたい国 _い _{くに}				

答 _{こた} え _____

メ モ 　問題を解くときに使ってね _{もんだい} _と _{つか}

　さて、突然じゃが『頭』『胸』『腹』『脚』のように人間の身体に関係する漢字には"月（にくづき）"という部首がよく使われるのをみんなは知っているかの？

　では"要（かなめ）"ににくづきの漢字はどう読むのか知っているかな？　そう『腰』じゃ。"要（かなめ）"というのは『もっとも大切な部分』という意味じゃ。だから、腰は身体のなかで最も大切な場所と考えられていたのかもしれんの。

　子どもはあまりやらないんじゃが、ボクシングを例にするぞい。ボクシングは『拳』で相手を殴る競技じゃが、腕以外の部位を動かさないで殴ったら、強く殴れるかな？　腕以外を動かさないとなると、曲げた肘を伸ばして殴ることになるかの。実際になにかを殴るのはよくないから、目の前になにかがあると思ってやってみてくれい。

　さて、次は腰を使ってみてくれい。もちろん、腰で殴るのではないぞい。肘は軽く曲げたままで腰をひねって殴るんじゃ。

①曲げた肘を伸ばして拳を突き出す

②腰をひねった勢いで拳を突き出す

　わしの感覚だと腰を使ったほうが強く殴ることができそうなんじゃが、みんなはどう感じたかのう？　これと同じことを、足でボールを蹴るときも試してみるといいかもしれんの。蹴る場合は、実際にボールを蹴るとわかりやすいぞ。脚の付け根、または膝を振るだけで蹴る方法と、膝はほとんど動かさずに腰のひねりを活かす蹴り方を、それぞれやってみてくれい。

①脚もしくは膝だけを振って蹴る

②腰をひねった勢いを使って蹴る

　どうだったかのう？　わしの周りにいる人たちはみんな、腰を使ったほうがパワフルに蹴ることができると言っておったぞい。腰のひねりを使うことは、なにかを投げたり、バットやラケットでボールを打ったりするときにも効果的なようじゃ。みんなも試してみてくれい‼

Level
レベル **6**

チェック　ヒント

- □ ① いちろうくんはたくやくんのとなりではない
- □ ② 『一寸法師』を好きな人はつばさくんのとなり
- □ ③ 『笠地蔵』を好きな人は18cmの靴
- □ ④ たくやくんは右から2番目にいる
- □ ⑤ 『かちかち山』を好きな人は20cmの靴の人の3つとなり
- □ ⑥ 22cmの靴の人は18cmの靴の人のとなりではない
- □ ⑦ 『桃太郎』を好きな人はひろとくんの3つとなり

ここまで問題を解いてきたみんななら、
この問題はそう難しくないはずじゃぞ。
焦らなければ必ずできるはずじゃ!!

16	左 _{ひだり}	―	―	右 _{みぎ}
名前 _{な まえ}				
好きな童話 _{す　どう わ}				
靴のサイズ _{くっ}				

答_{こた} え _____

メ モ　問題を解くときに使ってね
_{もんだい　と　　　　　つか}

チェック　ヒント

☐ ① 目玉焼きを好きな人はコーギーを飼いたい人の2つ左

☐ ② ななみちゃんはプードルを飼いたい

☐ ③ だし巻き卵を好きな人はコーギーを飼いたい人の右どなり

☐ ④ まいこちゃんはチワワを飼いたい人のとなり

☐ ⑤ ゆで卵を好きな人はパグを飼いたい

☐ ⑥ 卵焼きを好きなのはゆかりちゃん

同じワンちゃんが2つのヒントに出てくるようじゃな。その2つのヒントがポイントになるようじゃぞい!!

17	左 _{ひだり}	―	―	右 _{みぎ}
名前 _{な まえ}				
好きな卵料理 _{す たまごりょうり}				
飼いたい犬 _{か いぬ}				

答え
_{こた}

メモ　問題を解くときに使ってね
_{もんだい と つか}

ナポリタンをよく食べる人はだれ？

月　日

チェック　ヒント

- ① 土曜を好きなのはやまとくん
- ② ペスカトーレを食べる人はミートソースを食べる人の左どなり
- ③ いおりくんの両どなりはけいたくんとやまとくん
- ④ 日曜を好きな人はカルボナーラを食べる人の2つ左
- ⑤ けいたくんはひかるくんの右どなり
- ⑥ 水曜を好きな人は金曜を好きな人の右どなり

ここでは、けいたくんが2つのヒントに登場するようじゃな。それと、ヒント④と⑥をいっしょに使うかもしれんの。

18	左 _{ひだり}	―	―	右 _{みぎ}
名前 _{な まえ}				
好きな曜日 _{す ようび} 日 月 火 水 木 金 土				
よく食べる _た スパゲティ				

答 え _{こた} _____

メ モ　問題を解くときに使ってね
_{もんだい と つか}

『ひと筆書き』というのは、ペンを紙につけたら一度もペンを紙から離さないで図形などを書くことをいうんじゃ。同じ線を二度なぞるのも禁止されているので気をつけてくれい。ただし、線と線が交差するのは○Kじゃぞ。

Aの図を見てくれい。この図はひと筆書きによって書かれた図形なんじゃ。図Bのように○から始まって、もう1つの○まで書けばひと筆書きの完成じゃ。

A

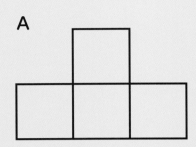

B

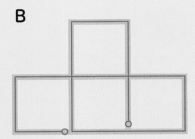

では、ここで問題じゃ。

次の①～⑥の図形のなかで1つだけ、ひと筆書きで書けないものがあるんじゃ。それはどれかな？

①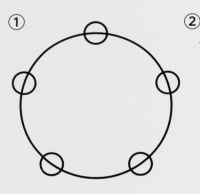

②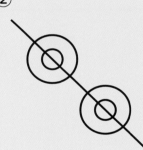

③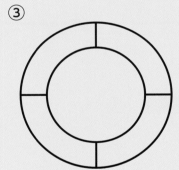

④

⑤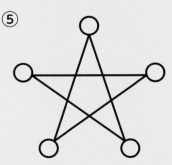

⑥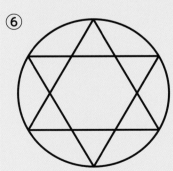

解答

解答は123ページへ

Level
レベル 7

チェック　ヒント

- ☐ ① スタイリストになりたい人は右端にいる
- ☐ ② 『S』を好きな人はトリマーになりたい
- ☐ ③ 紺の靴下の人は赤の靴下の人のとなりではない
- ☐ ④ 『X』を好きな人は左から2番目にいる
- ☐ ⑤ 『A』を好きな人はめぐちゃんの右どなり
- ☐ ⑥ さらちゃんは茶の靴下の人の右どなり
- ☐ ⑦ 『G』を好きな人はモデルになりたい人の2つ右
- ☐ ⑧ まりちゃんはカメラマンになりたい
- ☐ ⑨ なみちゃんは赤の靴下

この問題は、はじめのうちは簡単じゃが、途中からが難しいのう。ヒント⑦と②と⑤をいっしょに使うときがあるぞい。

19	左 ひだり	―	―	右 みぎ
名前 な まえ				
好きな す アルファベット SｘAG				
なりたい 職業 しょくぎょう				
靴下の色 くつした　いろ				

答え
こた

メモ　問題を解くときに使ってね
もんだい　と　つか

チェック　ヒント

☐ ① だいちくんは8百円のおこづかい

☐ ② 『学』を好きな人は3千円のおこづかいの人の右どなり

☐ ③ 『楽』を好きな人は2千円のおこづかいの人の2つ右

☐ ④ アナウンサーになりたい人は右端にいる

☐ ⑤ ゆうたくんはしょうくんの2つ左

☐ ⑥ 『友』を好きな人は5百円のおこづかいの人のとなり

☐ ⑦ パティシエになりたい人はエンジニアになりたい人の左どなり

☐ ⑧ 『心』を好きな人はシェフになりたい人の左どなり

ヒントを2つ以上いっしょに考えるところが2カ所あるぞい。はじめはヒント⑦と⑧、次は②と③と⑥を使うんじゃ。

20	左 (ひだり)	―	―	右 (みぎ)
名前 (なまえ)				
好きな漢字 (すきなかんじ) 話				
なりたい職業 (しょくぎょう)				
おこづかい				

答 (こた) え _____

メ モ	問題を解くときに使ってね (もんだいをとくときにつかってね)

チェック　ヒント

- ☐ ① パソコンを好きな人はDF
- ☐ ② エアコンを好きな人はMFの右どなり
- ☐ ③ うお座の人はさそり座の人の2つ右
- ☐ ④ FWはうお座の人の右どなり
- ☐ ⑤ テレビを好きなのはさゆりちゃん
- ☐ ⑥ ふたご座の人はGK
- ☐ ⑦ みなみちゃんはあきこちゃんの2つ右
- ☐ ⑧ ドライヤーを好きな人はおとめ座

ここではうお座が2つのヒントで使われているぞい。そこに注意して問題を解くんじゃぞ。

21	左 ひだり	－	－	右 みぎ
名前 な まえ				
好きな す 家電 か でん				
星座 せい ざ				
サッカーの ポジション				

答 え
こた

メ モ　問題を解くときに使ってね
もんだい と つか

空いた場所にはなにが入るかな？

みんなは食べ物の好き嫌いはあるかの？　栄養のバランスが大切なようだから、なるべく好き嫌いはないほうがいいようじゃぞ。

ところで昨日、公園のベンチでボーっとしていたら、突然、計算式が頭にひらめいたんじゃが、ノートがなくての。落ちていた大きな葉っぱに書いておいたんじゃ。するとその葉っぱの一部分を虫が食べてしまったんじゃ。

それがおもしろいことに、ある数字だけが食べられずに残っていての。虫にも好き嫌いがあるのかと思ってしまったぞい。ここで、みんなにお願いがあるんじゃ。食べられてしまったところの数字を教えてくれんかの。焦ることはないぞい。じっくり考えて答えを導き出してくれい。

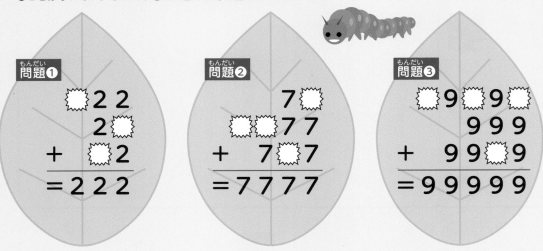

問題❶
```
   ●22
   2●
+  ●2
=222
```

問題❷
```
   7●
  ●●77
+ 7●7
=7777
```

問題❸
```
 ●9●9●
   999
+ 99●9
=99999
```

こっちの葉っぱの虫は好き嫌いが激しいのかのう？　それぞれ2種類の数字を残しているぞい。みんなにはすまんが、こっちの食べられてしまった数字も教えてくれい。頼んだぞい!!

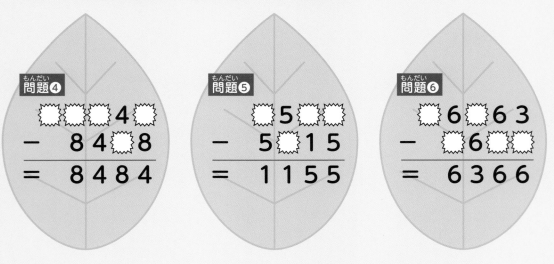

問題❹
```
 ●●●4●
-  84●8
= 8484
```

問題❺
```
 ●5●●
- 5●15
= 1155
```

問題❻
```
 ●6●63
- ●6●●
= 6366
```

解答は124ページへ

Level
レベル **8**

チェック ヒント

☐ ① たいを好きな人はブラジルに行きたい

☐ ② りょうくんは20時に寝る

☐ ③ ひらめを好きな人はペルーに行きたい人の左どなり

☐ ④ チリに行きたい人は21時に寝る

☐ ⑤ いかを好きな人は22時に寝る

☐ ⑥ かえでくんははやとくんのとなりではない

☐ ⑦ コロンビアに行きたい人は右から2番目にいる

☐ ⑧ あわびを好きな人は左端にいる

☐ ⑨ はやとくんは23時に寝る人の左どなり

最後のほうでヒントを2つ同時に考えるところがあるぞい。どのヒントとどのヒントを使うのか、今回は秘密じゃ。

22	左（ひだり）	―	―	右（みぎ）
名前（なまえ）				
好きな（す）寿司ネタ（すし）				
行きたい国（い）（くに）				
寝る時刻（ね）（じこく）10:30				

答え（こた）　_____

メモ　問題を解くときに使ってね（もんだい）（と）（つか）

チェック　ヒント

- ① ほのかちゃんははるかちゃんのとなり
- ② 『さるかに合戦』を好きな人は左から2番目にいる
- ③ 黒の水着の人はボールペンを買った
- ④ 『鶴の恩返し』を好きな人はカッターを買った人の左どなり
- ⑤ みゆきちゃんは紺の水着の人の左どなり
- ⑥ 『かぐや姫』を好きな人はノートを買った人の右どなり
- ⑦ はるかちゃんは赤の水着の人の2つとなり
- ⑧ 『浦島太郎』を好きな人はファイルを買った
- ⑨ 緑の水着の人は黒の水着の人のとなりではない

ふむふむ、この問題は3つのヒントを同時に使うようじゃな。『童話』と『文房具』が書いてある3つのヒントじゃぞい!!

23	左 <small>ひだり</small>	ー	ー	右 <small>みぎ</small>
名前 <small>な まえ</small>				
好きな童話 <small>す どう わ</small>				
買った文房具 <small>か ぶんぼう ぐ</small>				
水着の色 <small>みず ぎ いろ</small>				

答<small>こた</small> え
_____

メモ 問題を解くときに使ってね
<small>もんだい と つか</small>

チェック **ヒント**

☐ ① みずがめ座の人とおひつじ座の人は端ではない

☐ ② ゆうとくんはかずまくんの2つ左

☐ ③ パンジーを好きな人はやぎ座

☐ ④ ユリを好きな人は徳島に行った

☐ ⑤ しゅんくんは愛媛に行った人のとなり

☐ ⑥ コスモスを好きな人はかに座の人の2つ左

☐ ⑦ 高知に行った人は香川に行った人の2つ左

☐ ⑧ アジサイを好きな人はおひつじ座

ここまででいちばん難しい問題じゃ。はじめはヒント①と⑥と⑧、最後はヒント⑤と②と問題文の3つを同時に使うんじゃ。

24	左 (ひだり)	ー	ー	右 (みぎ)
名前 (なまえ)				
好きな花 (すきなはな)				
星座 (せいざ)				
行った県 (いったけん)				

答 (こた) え

メモ 問題 (もんだい) を解 (と) くときに使 (つか) ってね

アミダづくり①では1月～12月の別の呼び方を紹介したんじゃが、ここでは『誕生石』と『誕生花』を紹介するぞい。1月～12月にはそれぞれ、誕生石というものと、誕生花というものがあるんじゃ。代表的なものを一覧表にしたので、自分の誕生石や誕生花を調べてみてくれい。家族やお友達のも見てみるとおもしろいかもしれんの。

月	誕生石	誕生花
1月	ガーネット	シンビジウム
2月	アメジスト	マーガレット
3月	アクアマリン	チューリップ
4月	ダイヤモンド	カスミソウ
5月	エメラルド	カーネーション
6月	パール	バラ
7月	ルビー	ユリ
8月	サードニクス	ヒマワリ
9月	サファイア	リンドウ
10月	オパール	コスモス
11月	トパーズ	キク
12月	ターコイズ	カトレア

では、ここからが問題じゃ。
下のアミダに3本の線を加えて、同じ月の誕生石と誕生花が結ばれるようにしてくれい。

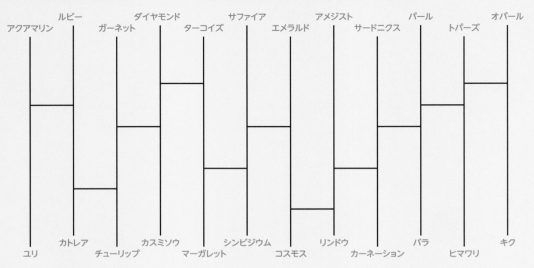

解答は 124 ページへ

Level
レベル **9**

チェック　ヒント

☐ ① みどりちゃんはあいこちゃんの左どなり

☐ ② メロンを食べた人は水星に行きたい人の3つとなり

☐ ③ 『O』を好きな人は『R』を好きな人の4つ右

☐ ④ イチゴを食べた人は土星に行きたい

☐ ⑤ やよいちゃんはザクロを食べた

☐ ⑥ 『W』を好きな人は金星に行きたい

☐ ⑦ まゆちゃんは木星に行きたい

☐ ⑧ 『E』を好きな人は火星に行きたい人の3つ左

☐ ⑨ 『H』を好きな人はビワを食べた人の3つ右

☐ ⑩ サクランボを食べた人は右端にいる

この問題はそう難しくないのう。ここまで
できたみんなななら、必ずできるはずじゃ!!
ノーヒントで頑張ってみてくれい。

25	左	―	真ん中	―	右
名前					
好きな アルファベット					
食べた フルーツ					
行きたい星					

答え _____

メモ 問題を解くときに使ってね

チェック　ヒント

☐ ① ポンプ車を好きな人はよしのぶくんの左どなり

☐ ② だいすけくんは桃を食べた

☐ ③ 6時半に起きる人は7時半に起きる人の2つ右

☐ ④ タクシーを好きな人はポンプ車を好きな人の3つ左

☐ ⑤ パトカーを好きなのはいぶきくん

☐ ⑥ 6時に起きる人は梨を食べた人の4つとなり

☐ ⑦ バスを好きな人は栗を食べた

☐ ⑧ 白バイを好きな人はまさひろくんの3つとなり

☐ ⑨ 8時に起きる人は梅を食べた人の2つとなり

☐ ⑩ ゆうきくんは柿を食べた人の右どなり

みんなの好きな働く車はなにかのう？
ここではポンプ車が2つのヒントに登場
するので、それがポイントじゃ。

26	左 (ひだり)	―	真ん中 (まなか)	―	右 (みぎ)
名前 (なまえ)					
好きな働く車 (はたらくくるま)					
食べた (た) フルーツ					
起きる時刻 (おきるじこく) 10:30					

答え (こたえ) _____

メモ 問題を解くときに使ってね (もんだいをとくときにつかってね)

問題 27 ちづるちゃんの好きなあいさつは？

月　日

チェック　ヒント

- ① 『おはよう』を好きな人はシルバーのスマホの人の3つ右

- ② 『こんにちは』を好きな人はゴールドのスマホの人の左どなり

- ③ 野球を習いたい人はピンクのスマホの人の2つ右

- ④ 『ごきげんよう』を好きな人は右から2番目にいる

- ⑤ まきちゃんは体操を習いたい人の左どなり

- ⑥ りなちゃんは水泳を習いたい

- ⑦ 『ありがとう』を好きな人は『おかえり』を好きな人の右どなり

- ⑧ ブラックのスマホの人はホワイトのスマホの人の2つ左

- ⑨ 英会話を習いたい人は書道を習いたい人の2つ右

- ⑩ ゆうなちゃんはみのりちゃんの右どなり

途中でヒント②と⑦をいっしょに使うところと、ヒント③と⑧を同時に考えるところが出てくるぞい。

27	左	ー	真ん中	ー	右
名前					
好きなあいさつ					
やりたい習い事					
スマホの色					

答え _____

メモ 問題を解くときに使ってね

腕をより遠くまで伸ばすには？

みんなはサッカーで唯一、手が使えるプレーヤー＝ＧＫ（ゴールキーパー）をやったことがあるかな？　ＧＫのいちばんの役割は「ボールを自分たちのゴールの中に入れないこと」じゃ。しっかり手でキャッチすることができればいいんじゃが、それが難しいようならボールをゴールの外へ弾き出すことも重要だそうじゃ。

さて、そこでみんなに質問じゃ。

ＧＫとしてゴール前で守っているとき、自分から見てゴールの左上隅へフワッとシュートが飛んできたとする。シュートのスピードは遅いが、ゴールの隅に飛んでいるので手がやっと届くかどうかという状況じゃ。みんなだったら右手でボールを弾こうとするかの？　それとも左手を出すかの？

①ボールが左上隅に飛んでくる

②ボールを左手で弾き出すパターン

③ボールを右手で弾き出すパターン

ここでみんなに実験をしてもらおう。壁のすぐ横に立って、身体の左側を壁につけてくれい。次に右足を少し上げて左足一本で立つんじゃ。そのとき壁にもたれかかってもかまわないぞい。そして、まず左手を上に伸ばして壁にタッチするんじゃ。そのとき、どこまで手が届いたかを見ておいてくれい。左手が終わったら、今度は右手を上に伸ばして壁を触るんじゃ。どうじゃ、右手のほうが高く上がったじゃろ??

④左手を伸ばしてタッチ

⑤右手を伸ばしてタッチ

ちょっと不思議じゃろ。実はこれは算数と関係があるんじゃよ。長方形の一辺の長さ（右の図の黒線）より、対角線（右の図の赤線）の長さのほうが長いのは知っている人もいるはずじゃ。この法則に従うと、左足を地面につけた場合、左手を伸ばしたときはそれが長方形の一辺に、右手を伸ばしたらそれが対角線ということになる。だから、左手より右手のほうが遠くまで届くんじゃよ。

⑥黒い線より赤い線のほうが長い

⑦左足から左手までの長さより、左足から右手までのほうが長い

ただし、サッカーのＧＫの場合、ボールのスピードが速いときは近くにある手を伸ばしたほうがいいので、気をつけてくれい!!

Level
レベル10

チェック　ヒント

☐ ① ショートの人はレフトの人の3つ右

☐ ② 3時間勉強する人はセカンドの人の2つとなり

☐ ③ 『汽車』を好きな人は2時間勉強する人の2つ右

☐ ④ サードの人はライトの人の3つ左

☐ ⑤ 『夕日』を好きな人はあつしくんの右どなり

☐ ⑥ つかさくんはたくみくんの2つ左

☐ ⑦ 5分勉強する人はレフトの人の左どなり

☐ ⑧ 『雨』を好きな人は30分勉強する人の右どなり

☐ ⑨ 『海』を好きな人は1時間勉強する人の3つ左

☐ ⑩ 『紅葉』を好きな人はれおくんの左どなり

まずはレフトが出てくる2つのヒントを、最後のほうでヒント⑧と③、ヒント⑤と⑩をいっしょに考えてくれい。

28	左 <small>ひだり</small>	ー	真ん中 <small>ま　なか</small>	ー	右 <small>みぎ</small>
名前 <small>な まえ</small>					
好きな童謡 <small>す　　どうよう</small>					
野球の <small>やきゅう</small>ポジション					
家での <small>いえ</small>勉強時間 <small>べんきょうじかん</small>					

答え
<small>こた</small>
_____

メモ　問題を解くときに使ってね
<small>もんだい と つか</small>

チェック　ヒント

☐ ① まりんちゃんはちひろちゃんの2つ右

☐ ② 『T』を好きな人はアンゴラに行きたい

☐ ③ 小説を買った人は参考書を買った人の2つ左

☐ ④ 写真集を買った人は左から2番目にいる

☐ ⑤ 『M』を好きな人はえりちゃんの3つとなり

☐ ⑥ 『B』を好きな人はケニアに行きたい人の2つ左

☐ ⑦ ガーナに行きたい人は地図を買った人の2つ右

☐ ⑧ 『L』を好きな人はモロッコに行きたい人のとなり

☐ ⑨ 漫画を買った人はトーゴに行きたい人のとなり

☐ ⑩ 『Q』を好きな人はゆうかちゃんの2つとなり

ヒント④の次はヒント③と⑦、最後のほうにヒント⑤と⑩をいっしょに考えなければならないぞい!!

29	左 (ひだり)	―	真ん中 (ま なか)	―	右 (みぎ)
名前 (な まえ)					
好きな (す) アルファベット T L B M Q					
買った本 (か) (ほん)					
行きたい国 (い) (くに)					

答え (こた)

メモ 問題を解くときに使ってね (もんだい) (と) (つか)

チェック ヒント

□ ① 『おやすみ』を好きな人は『さようなら』を好きな人の2つ左

□ ② 吉をひいた人は小吉をひいた人の3つ右

□ ③ かずきくんは紫のタオル

□ ④ 大吉をひいた人は中吉をひいた人の2つ右

□ ⑤ 『ただいま』を好きな人ははるまくんのとなり

□ ⑥ 『こんばんは』を好きな人は末吉をひいた人の2つ左

□ ⑦ 黄のタオルの人は白のタオルの人より左

□ ⑧ 『いただきます』を好きな人はたいがくんの2つ左

□ ⑨ いのすけくんは緑のタオルの人のとなり

□ ⑩ 紺のタオルの人はともやくんの2つ左

はじめは『おみくじの結果』が書いてある
ヒントを3つ同時に、そのあとはヒント①
と⑧をいっしょに考えてくれい。

30	左	―	真ん中	―	右
名前					
好きな あいさつ					
ひいた おみくじ					
タオルの色					

答 え _____

メモ 問題を解くときに使ってね

おもしろ漢字

みんなはスポーツを好きかの？　わしは、プレーするのも、見るのも好きなんじゃが、特にボールを使う球技は大好きじゃ。

さて、球技の多くはカタカナで表現されているが、漢字でも書けることを知っているかな？

ここで問題じゃ。次の漢字はどの球技なのか、下の選択肢から選んで当ててくれい!!

答え	球技名	読み方	ヒント
(　　　　　　　)	籠球	ろうきゅう	『籠』は別の読み方に " かご " があるんじゃぞ
(　　　　　　　)	氷球	ひょうきゅう	氷 の上でプレーする球技かの
(　　　　　　　)	打球	だきゅう	ボールをなにかで打つ球技じゃろうな
(　　　　　　　)	庭球	ていきゅう	庭でもできる球技じゃな
(　　　　　　　)	野球	やきゅう	これはノーヒントじゃ!!
(　　　　　　　)	闘球	とうきゅう	闘 う球技ってなにかのう?
(　　　　　　　)	蹴球	しゅうきゅう	ボールを蹴る球技じゃな
(　　　　　　　)	撞球	どうきゅう	『撞』とは " つく " という意味じゃぞ
(　　　　　　　)	門球	もんきゅう	門にボールを通す球技かの
(　　　　　　　)	鎧球	がいきゅう	鎧 を着てプレーする球技じゃ
(　　　　　　　)	羽球	うきゅう	ボールに羽が生えているのかの
(　　　　　　　)	避球	ひきゅう	ボールを避ける球技じゃな
(　　　　　　　)	杖球	じょうきゅう	杖でボールを打つ球技かの
(　　　　　　　)	送球	そうきゅう	ボールを送る球技とはなにかのう?
(　　　　　　　)	排球	はいきゅう	『排』とは " 押しのける " という意味じゃな

選択肢

・バスケットボール　　・アイスホッケー　　・ゴルフ　　・テニス　　・ベースボール
・ラグビー　　・サッカー　　・ビリヤード　　・ゲートボール　　・アメリカンフットボール
・バドミントン　　・ドッジボール　　・ホッケー　　・ハンドボール　　・バレーボール

解答は 125 ページへ

Level
レベル11

さやかちゃんの
飼いたいペットは？

月　日

チェック　ヒント

☐ ① のぞみちゃんはあつこちゃんの3つ左

☐ ② 『萌』を好きな人はハムスターを飼いたい人の4つ左

☐ ③ 大津に行きたい人は5年生より右にいる

☐ ④ 『希』を好きな人はまなちゃんの2つとなり

☐ ⑤ 仙台に行きたい人は6年生の4つとなり

☐ ⑥ 『愛』を好きな人は金沢に行きたい人の2つとなり

☐ ⑦ 水戸に行きたい人は2年生の3つとなり

☐ ⑧ ウサギを飼いたい人は松江に行きたい人より左にいる

☐ ⑨ 『志』を好きな人は3年生の4つとなり

☐ ⑩ 4年生はリスを飼いたい人の3つとなり

☐ ⑪ フェレットを飼いたい人はみゆうちゃんのとなり

☐ ⑫ 『夢』を好きな人はネコを飼いたい

枠の数が増えてきたので大変そうじゃが、
みんなならできるはずじゃ。落ち着いて
考えれば必ずできるぞい!!

31	左	ー	真ん中	ー	右
名前					
好きな漢字 草					
飼いたい ペット					
行きたい街					
学年					

答え _____

メモ 問題を解くときに使ってね

問題 32　のびたくんの占いたいことは？

月　　日

チェック　ヒント

1等

☐ ① 『U』を好きな人は2等の人の左どなり

☐ ② 『N』を好きなのはともぞうくん

☐ ③ ベトナムに行きたい人は健康運を占いたい人のとなり

☐ ④ 『C』を好きな人はたけしくんの2つ左

☐ ⑤ ブータンに行きたい人は右から2番目にいる

☐ ⑥ 4等の人は恋愛運を占いたい人の2つ左

☐ ⑦ 金運を占いたい人は1等の人の3つとなり

☐ ⑧ ひろしくんはのびたくんより左にいる

☐ ⑨ フィリピンに行きたい人はインドに行きたい人の3つ左

☐ ⑩ 3等の人は学業運を占いたい

☐ ⑪ 勝負運を占いたい人はタイに行きたい人の3つとなり

☐ ⑫ 『I』を好きな人は5等

☐ ⑬ 『F』を好きな人はまことくんのとなり

途中でヒント⑥と⑦と⑩を同時に、ヒント①と⑫をいっしょに考えるところがあるので注意してくれい。

32	左 ひだり	―	真ん中 ま なか	―	右 みぎ
名前 な まえ					
好きな アルファベット す REW HO					
占いたい こと うらな					
行きたい国 い くに					
徒競走 の順位 ときょうそう じゅんい 2等					

答え
こた

メ モ 　問題を解くときに使ってね
もんだい と つか

チェック｜ヒント

☐ ① かよちゃんはらんちゃんの左どなり

☐ ② サファイアを欲しい人は赤の浴衣

100点

☐ ③ ガーネットを欲しい人は右端にいる

☐ ④ 『はと』を好きな人は60点の人の2つとなり

☐ ⑤ 紺の浴衣の人は90点の人の2つとなり

☐ ⑥ 『たきび』を好きな人はアメジストを欲しい人の2つ左

☐ ⑦ 白の浴衣の人は80点

☐ ⑧ 『ふるさと』を好きな人はオパールを欲しい人の左どなり

☐ ⑨ あかねちゃんは黒の浴衣の人の3つとなり

☐ ⑩ 70点の人はルビーを欲しい人の2つとなり

☐ ⑪ 『ほたるこい』を好きな人は左から2番目にいる

☐ ⑫ 『おうま』を好きな人は100点の人の左どなり

☐ ⑬ ももこちゃんは黄の浴衣の人の2つとなり

ついに最後の問題じゃな。これはヒントなしで頑張ってくれい。時間制限はないのでじっくり考えるのじゃぞ。

33	左	ー	真ん中	ー	右
名前					
好きな童謡					
欲しい宝石					
テストの点数					
浴衣の色					

 答え _____

メモ 問題を解くときに使ってね

ここでは、迷路の問題を出すぞい。
スタートから出発してゴールまでたどり着いてくれい。
ただし、次の3つのルールを守るんじゃ。
①同じ道は通らないこと
②『しりとり』をしながら進むこと
③すべての言葉を通ること
ちょっと難しいので、
時間をかけてじっくりやってみてくれい!!

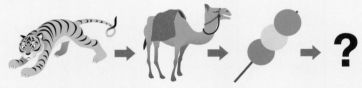

解答は 125 ページへ

名探偵アインに挑戦

たったひとつの
真実を探そう!!

Albert Einstein

【 問題の解き方 】

謎 0

> 昨日、さしこちゃん、けんしろうくん、ひとみちゃんといっしょに公園に行ったんじゃ。公園の駐車場には車が3台停まっていたんじゃが、3人はそれを覚えているのかの？　3人に、どんな色の車がどんな並び方をしていたかを思い出してもらうことにするぞい。

Ⓐ

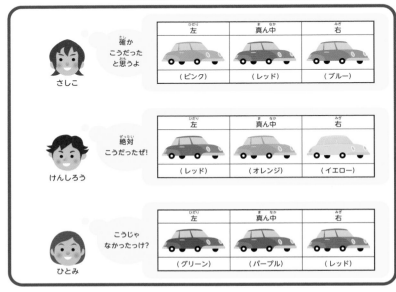

Ⓑ

	左	真ん中	右
さしこ（確かこうだったと思うよ）	（ピンク）	（レッド）	（ブルー）
けんしろう（絶対こうだったぜ!）	（レッド）	（オレンジ）	（イエロー）
ひとみ（こうじゃなかったっけ?）	（グリーン）	（パープル）	（レッド）

【 説明 】

Ⓐまずここを読んでください。アインさんが状況を説明します。

Ⓑ子どもたちが以前にあったことを一生懸命に思い出しています。

Ⓒアインさんが問題を出します。

Ⓓ真実を知っているアインさんが子どもたちが思い出したことに対してコメントします。
　これをヒントにして真実を導き出してください。

Ⓔみんなが導き出した真実を書き込んでください。イラストのぬりえも楽しめます。

【 解き方 】

Ⓑの『みんなが思い出した色と並び順』とⒹの『アインさんのコメント』がポイントになります。

❶この問題では、けんしろうくんに注目します。Ⓓでアインさんが「けんしろうくんが覚えていた車の色は、残念じゃが全部違っているのう」と言っています。そこでⒷのけんしろうくんのところを見て『レッドとオレンジとイエローの車は駐車場になかった』ことがわかります。

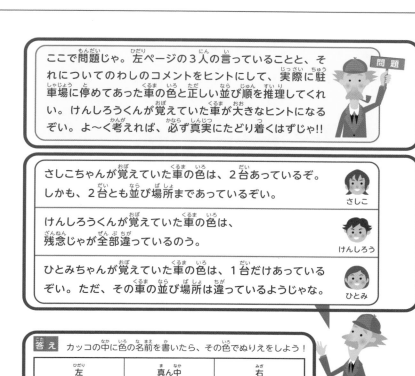

ここで問題じゃ。左ページの3人の言っていることと、それについてのわしのコメントをヒントにして、実際に駐車場に停めてあった車の色と正しい並び順を推理してくれい。けんしろうくんが覚えていた車が大きなヒントになるぞい。よ〜く考えれば、必ず真実にたどり着くはずじゃ!!

Ⓒ

さしこちゃんが覚えていた車の色は、2台あっているぞ。しかも、2台とも並び場所まであっているぞい。 さしこ

けんしろうくんが覚えていた車の色は、残念じゃが全部違っているのう。 けんしろう

ひとみちゃんが覚えていた車の色は、1台だけあっているぞい。ただ、その車の並び場所は違っているようじゃな。 ひとみ

Ⓓ

答え カッコの中に色の名前を書いたら、その色でぬりえをしよう!

左	真ん中	右
( )	( )	( )

Ⓔ

❷次にさしこちゃんに注目します。Ⓓでアインさんが「さしこちゃんが覚えていた車の色は、2台あっているぞ。しかも、2台とも並び場所まであっているぞい」と言っています。けんしろうくんのところでレッドの車は駐車場になかったことがわかっているので、さしこちゃんの記憶であっているのはピンクとブルーの2台だとわかります。さらに、2台とも場所もあっているので、左はピンクの車、右はブルーの車となります。

（ピンク）	? （ ? ）	（ブルー）

❸まだわかっていない真ん中に駐車していた車を探すため、ひとみちゃんに注目します。ひとみちゃんの記憶にあるレッドの車は違うことがわかっていますから、グリーンかパープルどちらかの車が正解になります。Ⓓでアインさんが「ひとみちゃんが覚えていた車の色は、1台だけあっているぞい。ただ、その車の並び場所は違っているようじゃな」と言っています。場所が違っているわけですから、真ん中にあるパープルの車は違うことになります。よって、真ん中に停まっていたのはグリーンの車ということがわかります。

（ピンク）	（グリーン）	（ブルー）

謎 1

先週の日曜日に、さしこちゃんとけんしろうくんとひとみちゃんの3人といっしょに電化製品売り場に行ったんじゃ。最近はカラフルな製品が多いので、見ていて楽しいのう。ドライヤー売り場には3つの最新型ドライヤーが置いてあったんじゃが、みんなそれぞれの色と並び方を覚えているか聞いてみたぞい。

さしこ

ぜったい、こうだったわ

左	真ん中	右
（ホワイト）	（ブルー）	（イエロー）

けんしろう

た・ぶ・ん、こうですよ

左	真ん中	右
（イエロー）	（ホワイト）	（レッド）

ひとみ

ドライヤーはあまり記憶にないですわ

左	真ん中	右
（ピンク）	（グリーン）	（ブルー）

問題

ここで問題じゃ。左のページで3人が思い出した色と並び順、それについてのわしのコメントをヒントにして、実際にドライヤー売り場に置いてあったドライヤーの色と正しい並び順を推理してくれい。この問題では、意外かもしれんが、さしこちゃんの記憶が大きなヒントになりそうじゃぞ。じっくり考えれば必ず答えは見つかるはずじゃぞ!!

さしこちゃんが覚えていたドライヤーの色は、残念じゃが、すべて売り場にはなかった色じゃ。

さしこ

おぉ!!　けんしろうくんは1つの色だけだがあっているぞい。しかも、その色のドライヤーは並び場所も正解じゃ。

けんしろう

ひとみちゃんは2つの色があっているようじゃ。ただし、その2つとも並び場所は間違っているぞい。

ひとみ

答え　カッコの中に色の名前を書いたら、その色でぬりえをしよう!

左	真ん中	右
( )	( )	( )

昨日はさしこちゃん、れいくん、ひとみちゃんと山登りに行ったんじゃ。頂上に着くまでは少し大変だったんじゃが、山の頂から見る景色はまさに絶景だったぞい。さて、その頂上に小さな小屋が3軒建っていたんじゃが、3人は覚えているかの？　壁がカラフルな色だったんじゃが、景色が素晴らしかったから忘れてしまったかもしれんの。

さしこ

こんな色だったかな、いや違うかも

左	真ん中	右
（イエロー）	（ブラウン）	（パープル）

れい

ぜんっぜん覚えてないよ～！

左	真ん中	右
（ブラウン）	（レッド）	（ピンク）

ひとみ

こう…だった…ような…ふぅ…

左	真ん中	右
（レッド）	（ホワイト）	（ブラウン）

ここで問題じゃ。左のページで3人が思い出した色と並び順、それについてのわしのコメントをヒントにして、実際に山頂にあった小屋の色と正しい並び順を推理してくれい。この問題では、やはりさしこちゃんの記憶が大きなヒントになりそうじゃぞ。頑張って推理してみてくれい!!

問題

おっ、すごいぞ!! 色はすべてあっておる。
並び場所も、1つは正しいぞい。

さしこ

あっている色は1つだけじゃの。
でも、並び場所は違っているようじゃ。

れい

ひとみちゃんも色は1つだけあっておるが、
どうやら並び場所は正しくないようじゃのう。

ひとみ

答え カッコの中に色の名前を書いたら、その色でぬりえをしよう!

左	真ん中	右
( )	( )	( )

謎 3

さっきまでわしの部屋に、さしこちゃんとけんしろうくんとひとみちゃんとれいくんの4人が遊びに来ておったんじゃ。あいにく今日は朝から雨だったので、洗濯したTシャツは3枚とも部屋の中に干しておったんじゃ。アイドルのプリントが入ったTシャツだから、みんな見ていたようじゃが、色と並び順は覚えているかのう？

さしこ

アイドルばかり見ていて色はちょっと…

左	真ん中	右
（ ホワイト ）	（ グリーン ）	（ ピンク ）

けんしろう

順番は覚えてないけど、色はこうだったはず

左	真ん中	右
（ ピンク ）	（ ブルー ）	（ ホワイト ）

ひとみ

博士がアイドルのTシャツなんてビックリですわ

左	真ん中	右
（ ブルー ）	（ ピンク ）	（ グリーン ）

れい

あ～、たしかこうだったと思うよ

左	真ん中	右
（ ピンク ）	（ イエロー ）	（ ホワイト ）

ここで問題じゃ。左のページで3人が思い出した色と並び順、それについてのわしのコメントをヒントにして、実際に干してあったTシャツの色と並び順を推理してくれい。この問題では、れいくんの記憶がポイントになりそうじゃぞ。真実はいつでも1つじゃ。時間がかかってもいいから、正解を見つけてくれい!!

色は2つあっているぞい。
でも、並び場所もあっているのはそのうち1つだけじゃ。

さしこ

さしこちゃんと同じで、色は2つあっているが、並び場所もあっているのは1つだけじゃ。

けんしろう

なんと!! ひとみちゃんも、色が2つあっていて、並び場所もあっているのは1つじゃ。

ひとみ

れいくんは、色があっているのは1つだけじゃな。
しかも、並び場所は間違っているぞい。

れい

答え カッコの中に色の名前を書いたら、その色でぬりえをしよう！

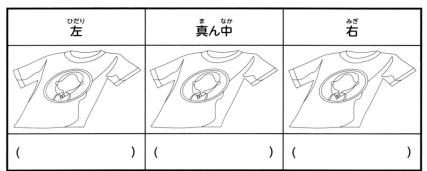

左	真ん中	右
( )	( )	( )

【解答の＜ヒントの順番例＞の見方】

＜ヒントの順番例＞の順にヒントを使うと、答えを導き出すことができます。

【①＆②】と表記されているものは、ヒント①とヒント②をいっしょに考えてください。

『問題文』と書かれているものは、問題文をヒントとして使うことを表しています。

＜ヒントの順番例＞
①②③④⑤問題文

答え
【あおいちゃん】

1	左	真ん中	右
名前	あおい	ひな	りん
好きな料理	ハンバーグ	カレー	スパゲティ
服の色	白	赤	黄

＜ヒントの順番例＞
②①③④問題文

答え
【ロープウェイ】

2	左	真ん中	右
名前	なおき	しょうた	ゆうま
好きな乗り物	モノレール	ロープウェイ	ケーブルカー
身長	140cm	130cm	150cm

<ヒントの順番例>
③①⑤④②問題文

答え　【　緑　】

③	左 ひだり	真ん中 まなか	右 みぎ
名前 なまえ	かのん	みづき	あやの
好きな花 すきなはな	ヒマワリ	アサガオ	ダリア
Tシャツの色 ティーシャツのいろ	青 あお	黒 くろ	緑 みどり

<ヒントの順番例>
【①＆②】④③問題文

答え　【　カメムシ　】

④	左 ひだり	真ん中 まなか	右 みぎ
名前 なまえ	じん	ゆう	そら
好きな虫 すきなむし	カメムシ	カマキリ	カナブン
視力 しりょく	2.0	0.8	1.5

<ヒントの順番例>
【②&④】①③⑤問題文

答え
【 めいちゃん 】

5	左 ひだり	真ん中 まなか	右 みぎ
名前 なまえ	なつみ	あいり	めい
好きな野菜 すきなやさい	キャベツ	ニンジン	ピーマン
帽子の色 ぼうしのいろ	紺 こん	茶 ちゃ	紫 むらさき

<ヒントの順番例>
【①&④&②】③問題文

答え
【 けんとくん 】

6	左 ひだり	真ん中 まなか	右 みぎ
名前 なまえ	れん	りょうた	けんと
好きな楽器 すきながっき	ピアノ	バイオリン	フルート
体重 たいじゅう	30kg	40kg	50kg

Answer かいとう

<ヒントの順番例>

【③&④&①】②⑤問題文

答え

【 みほちゃん 】

7	左 ひだり	真ん中 ま なか	右 みぎ
名前 な まえ	ゆうこ	れな	みほ
好きな す アルファベット ABCD	『J』 ジェイ	『Z』 ズィー	『V』 ヴイ
靴の色 くつ いろ	ホワイト	レッド	ブルー

<ヒントの順番例>

【②&③】⑤④①

答え

【　　7歳　　】
さい

8	左 ひだり	真ん中 ま なか	右 みぎ
名前 な まえ	たいち	えいた	りく
好きな す 学校の場所 がっこう ば しょ	校庭 こうてい	図書室 と しょしつ	教室 きょうしつ
年齢 ねんれい	9歳 さい	11歳 さい	7歳 さい

＜ヒントの順番例＞

【③＆①＆②】⑤④

答え

【みらいちゃん】

9	左（ひだり）	真ん中（まなか）	右（みぎ）
名前（なまえ）	ゆきな	みらい	かおり
好きな武道（すきなぶどう）	空手（からて）	柔道（じゅうどう）	剣道（けんどう）
バッグの色（いろ）	シルバー	ピンク	ゴールド

＜ヒントの順番例＞

④①②⑥③⑤問題文（もんだいぶん）

答え

【　しし座（ざ）　】

10	左（ひだり）	－	－	右（みぎ）
名前（なまえ）	じゅん	はると	そうた	たつや
好きなお菓子（すきなおかし）	プリン	ババロア	エクレア	ドーナツ
星座（せいざ）	おうし座（ざ）	てんびん座（ざ）	しし座（ざ）	いて座（ざ）

Answer かいとう

<ヒントの順番例>
③⑤②①④⑥問題文

答え
【ようこちゃん】

11	左	ー	ー	右
名前	ようこ	みさき	あんな	ゆい
好きな働く車	ショベルカー	タンクローリー	フォークリフト	ダンプ
血液型	A型	AB型	O型	B型

<ヒントの順番例>
【①&②&③】⑤④⑥

答え
【わたるくん】

12	左	ー	ー	右
名前	たいよう	とおる	わたる	こうた
好きな童謡	『こいのぼり』	『しゃぼん玉』	『赤とんぼ』	『虫のこえ』
クラス 1-3	3組	1組	2組	4組

＜ヒントの順番例＞
【①＆④】②⑤⑥③問題文

答え
【さちこちゃん】

13	左	－	－	右
名前	さちこ	ともこ	ゆな	りこ
好きな教科	算数	体育	音楽	国語
財布の色	ブラウン	グリーン	パープル	イエロー

＜ヒントの順番例＞
【①＆④】②③【⑤＆⑥】問題文

答え
【 いつきくん 】

14	左	－	－	右
名前	かいと	よしお	いつき	こたろう
好きなスポーツ	ゴルフ	サッカー	テニス	ラグビー
背番号	10番	44番	2番	7番

<ヒントの順番例>
②④⑥⑤③①問題文

答え
【あゆみちゃん】

15	左	－	－	右
名前	ひなた	すみれ	あゆみ	くみこ
好きなアルファベット	『D』	『P』	『K』	『Y』
行きたい国	スペイン	ドイツ	オランダ	イタリア

<ヒントの順番例>
④①⑦②⑤③⑥問題文

答え
【たくやくん】

16	左	－	－	右
名前	いちろう	つばさ	たくや	ひろと
好きな童話	『桃太郎』	『笠地蔵』	『一寸法師』	『かちかち山』
靴のサイズ	20cm	18cm	16cm	22cm

＜ヒントの順番例＞

【①＆③】⑤⑥④②問題文

答え 【　チワワ　】

17	左 ひだり	―	―	右 みぎ
名前 なまえ	あすか	まいこ	ゆかり	ななみ
好きな卵料理 す たまごりょうり	目玉焼き め だま や	ゆで卵 たまご	卵焼き たまごや	だし巻き卵 ま たまご
飼いたい犬 か いぬ	チワワ	パグ	コーギー	プードル

＜ヒントの順番例＞

【③＆⑤】①【④＆⑥】②問題文

答え 【　やまとくん　】

18	左 ひだり	―	―	右 みぎ
名前 なまえ	ひかる	けいた	いおり	やまと
好きな曜日 す ようび	日曜 にちよう	金曜 きんよう	水曜 すいよう	土曜 どよう
よく食べる た スパゲティ	ペスカトーレ	ミートソース	カルボナーラ	ナポリタン

Answer かいとう

<ヒントの順番例>
①④【⑦&②&⑤】⑧⑥⑨③問題文

答え
【 めぐちゃん 】

19	左	ー	ー	右
名前	なみ	めぐ	まり	さら
好きなアルファベット	『S』	『X』	『A』	『G』
なりたい職業	トリマー	モデル	カメラマン	スタイリスト
靴下の色	赤	白	茶	紺

<ヒントの順番例>
④【⑦&⑧】【②&③】⑥①⑤問題文

答え
【 エンジニア 】

20	左	ー	ー	右
名前	ゆうた	ひびき	しょう	だいち
好きな漢字	『友』	『心』	『楽』	『学』
なりたい職業	パティシエ	エンジニア	シェフ	アナウンサー
おこづかい	2千円	5百円	3千円	8百円

＜ヒントの順番例＞ じゅんばんれい

【③＆④】⑥⑧②①⑤⑦問題文 もんだいぶん

答え こた 【　ＤＦ　】

21	左 ひだり	―	―	右 みぎ
名前 なまえ	さゆり	あきこ	くるみ	みなみ
好きな 家電 すき かでん	テレビ	エアコン	パソコン	ドライヤー
星座 せいざ	さそり座 ざ	ふたご座 ざ	うお座 ざ	おとめ座 ざ
サッカーの ポジション	ＭＦ	ＧＫ	ＤＦ	ＦＷ

＜ヒントの順番例＞ じゅんばんれい

⑦⑧③①④⑤【②＆⑨】⑥問題文 もんだいぶん

答え こた 【　ブラジル　】

22	左 ひだり	―	―	右 みぎ
名前 なまえ	はやと	こうき	りょう	かえで
好きな 寿司ネタ すき すし	あわび	たい	ひらめ	いか
行きたい国 い くに	チリ	ブラジル	コロンビア	ペルー
寝る時刻 ね じこく	21時 じ	23時 じ	20時 じ	22時 じ

Answer かいとう

<ヒントの順番例>
②【④&⑥&⑧】③⑨⑤⑦①問題文

答え
【『浦島太郎』】

23	左	―	―	右
名前	こころ	みゆき	はるか	ほのか
好きな童話	『浦島太郎』	『さるかに合戦』	『鶴の恩返し』	『かぐや姫』
買った文房具	ファイル	ボールペン	ノート	カッター
水着の色	赤	黒	紺	緑

<ヒントの順番例>
【①&⑥&⑧】③④⑦【⑤&②&問題文】

答え
【 みずがめ座 】

24	左	―	―	右
名前	しゅん	ゆうと	けんた	かずま
好きな花	パンジー	コスモス	アジサイ	ユリ
星座	やぎ座	みずがめ座	おひつじ座	かに座
行った県	高知	愛媛	香川	徳島

＜ヒントの順番例＞
じゅんばんれい

⑩③⑧⑨⑥②④⑤⑦①問題文
もんだいぶん

答え
こた

【 サクランボ 】

25	左 ひだり	―	真ん中 まなか	―	右 みぎ
名前 なまえ	みどり	あいこ	やよい	まゆ	いずみ
好きな アルファベット	『R』 アール	『E』 イー	『W』 ダブリュー	『H』 エイチ	『O』 オー
食べた フルーツ た	ビワ	イチゴ	ザクロ	メロン	サクランボ
行きたい星 い ほし	水星 すいせい	土星 どせい	金星 きんせい	木星 もくせい	火星 かせい

＜ヒントの順番例＞
じゅんばんれい

【①＆④】⑧⑤⑩②⑥⑦⑨③問題文
もんだいぶん

答え
こた

【 ゆうきくん 】

26	左 ひだり	―	真ん中 まなか	―	右 みぎ
名前 なまえ	だいすけ	まさひろ	いぶき	ゆうき	よしのぶ
好きな働く車 す はたらくるま	タクシー	バス	パトカー	ポンプ車 しゃ	白バイ しろ
食べた フルーツ た	桃 もも	栗 くり	柿 かき	梅 うめ	梨 なし
起きる時刻 お じこく	6時 じ	8時 じ	7時半 じはん	7時 じ	6時半 じはん

Answer かいとう

＜ヒントの順番例＞
④①【②＆⑦】【③＆⑧】⑨⑤⑥⑩問題文

答え
【『おはよう』】

27	左	―	真ん中	―	右
名前	りな	みのり	ゆうな	まき	ちづる
好きなあいさつ	『おかえり』	『ありがとう』	『こんにちは』	『ごきげんよう』	『おはよう』
やりたい習い事	水泳	書道	野球	英会話	体操
スマホの色	ピンク	シルバー	ブラック	ゴールド	ホワイト

＜ヒントの順番例＞
【①＆⑦】④②⑨【⑧＆③】【⑤＆⑩】⑥問題文

答え
【 『雨』 】

28	左	―	真ん中	―	右
名前	あつし	つかさ	かんた	たくみ	れお
好きな童謡	『海』	『夕日』	『雨』	『紅葉』	『汽車』
野球のポジション	サード	レフト	セカンド	ライト	ショート
家での勉強時間	5分	30分	2時間	1時間	3時間

＜ヒントの順番例＞

④【③＆⑦】⑨⑥②⑧【⑤＆⑩】①問題文

答え 【　参考書　】

29	左 ひだり	―	真ん中 まなか	―	右 みぎ
名前	えり	ちひろ	ゆうか	まりん	ことね
好きな アルファベット	『T』 ティー	『B』 ビー	『L』 エル	『M』 エム	『Q』 キュー
買った本	地図 ちず	写真集 しゃしんしゅう	小説 しょうせつ	漫画 まんが	参考書 さんこうしょ
行きたい国	アンゴラ	モロッコ	ガーナ	ケニア	トーゴ

＜ヒントの順番例＞

【②＆④＆⑥】【①＆⑧】⑤⑩③⑨⑦

答え 【　白　】

30	左 ひだり	―	真ん中 まなか	―	右 みぎ
名前	かずき	いのすけ	たいが	ともや	はるま
好きな あいさつ	『いただきます』	『こんばんは』	『おやすみ』	『ただいま』	『さようなら』
ひいた おみくじ	中吉 ちゅうきち	小吉 しょうきち	大吉 だいきち	末吉 すえきち	吉 きち
タオルの色 いろ	紫 むらさき	紺 こん	緑 みどり	黄 き	白 しろ

Answer かいとう

<ヒントの順番例>
②⑨⑤⑦⑩③⑥⑧⑫④①問題文

答え
【　　リス　　】

31	左	―	真ん中	―	右
名前	さやか	のぞみ	みゆう	まな	あつこ
好きな漢字 草	『萌』	『希』	『夢』	『愛』	『志』
飼いたいペット	リス	ウサギ	ネコ	フェレット	ハムスター
行きたい街	仙台	金沢	松江	大津	水戸
学年	3年生	2年生	5年生	4年生	6年生

<ヒントの順番例>
⑤⑨⑪③【⑥＆⑦＆⑩】【①＆⑫】④②⑬⑧

答え
【　健康運　】

32	左	―	真ん中	―	右
名前	ひろし	のびた	まこと	たけし	ともぞう
好きなアルファベット	『U』	『C』	『I』	『F』	『N』
占いたいこと	金運	健康運	恋愛運	勝負運	学業運
行きたい国	タイ	フィリピン	ベトナム	ブータン	インド
徒競走の順位	4等	2等	5等	1等	3等

＜ヒントの順番例＞
③⑪⑥⑧⑫④⑩②⑦⑤【⑨＆⑬】①問題文

答え
【　白　】

33	左	ー	真ん中	ー	右
名前	あかね	さおり	ももこ	かよ	らん
好きな童謡	『たきび』	『ほたるこい』	『ふるさと』	『おうま』	『はと』
欲しい宝石	サファイア	ルビー	アメジスト	オパール	ガーネット
テストの点数	90点	80点	60点	70点	100点
浴衣の色	赤	白	紺	黒	黄

よく頑張ったの!!
最後までやり遂げたみんなは
論理的思考がレベルアップ
しているはずじゃ。
同じように、いろんなことで
やる気になってくれたら
うれしいぞい!!

121

クイズ① アマゾン川って知ってる？

問題014ページ

問題①

B．約6500km

(測り方によって諸説あるようですが、一般的にいわれている数値です)

問題②

A．約350km(東京⇔名古屋間)

問題③

C．100万種類以上

クイズ② アミダづくり ①

問題030ページ

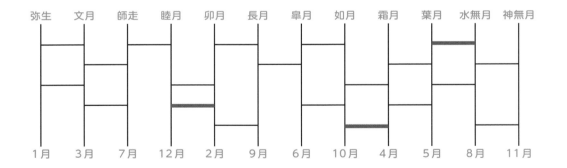

弥生	文月	師走	睦月	卯月	長月	皐月	如月	霜月	葉月	水無月	神無月
1月	3月	7月	12月	2月	9月	6月	10月	4月	5月	8月	11月

クイズ③ 大きな数字を知ろう！

問題038ページ

A．無量大数（むりょうたいすう）

クイズ④ ひと筆で書けるかな？ 問題054ページ

③

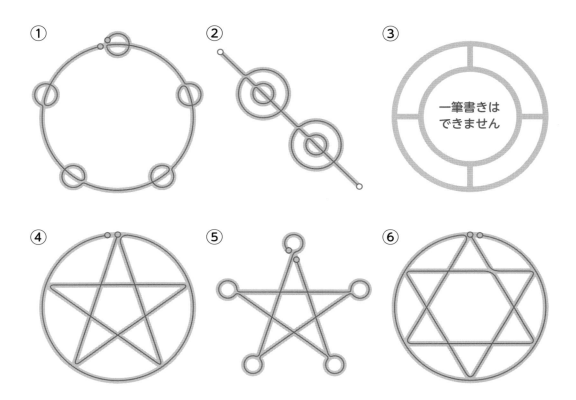

① ② ③ 一筆書きは できません

④ ⑤ ⑥

Answer

クイズ解答 かいとう

クイズ⑤ 空いた場所にはなにが入るかな？

問題 062 ページ

問題❶
```
    1 2 2
      2 8
+     7 2
＝ 2 2 2
```

問題❷
```
        7 3
    6 9 7 7
+     7 2 7
＝ 7 7 7 7
```

問題❸
```
  8 9 0 9 1
        9 9 9
+     9 9 0 9
＝ 9 9 9 9 9
```

問題❹
```
  1 6 9 4 2
−     8 4 5 8
＝     8 4 8 4
```

問題❺
```
  6 5 7 0
− 5 4 1 5
＝ 1 1 5 5
```

問題❻
```
  1 6 0 6 3
−     9 6 9 7
＝     6 3 6 6
```

クイズ⑥ アミダづくり❷

問題 070 ページ

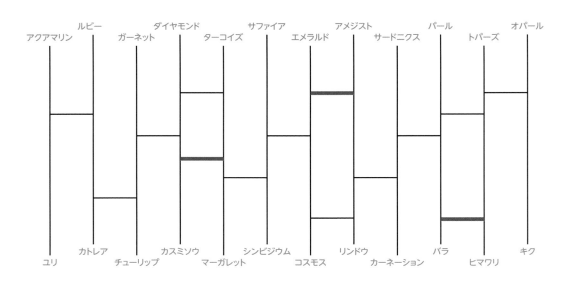

124

クイズ⑦ おもしろ漢字 問題086ページ

答え	球技名	読み方
バスケットボール	籠球	ろうきゅう
アイスホッケー	氷球	ひょうきゅう
ゴルフ	打球	だきゅう
テニス	庭球	ていきゅう
ベースボール	野球	やきゅう
ラグビー	闘球	とうきゅう
サッカー	蹴球	しゅうきゅう
ビリヤード	撞球	どうきゅう
ゲートボール	門球	もんきゅう
アメリカンフットボール	鎧球	がいきゅう
バドミントン	羽球	うきゅう
ドッジボール	避球	ひきゅう
ホッケー	杖球	じょうきゅう
ハンドボール	送球	そうきゅう
バレーボール	排球	はいきゅう

クイズ⑧ ゴールにたどり着けるかな？ 問題094ページ

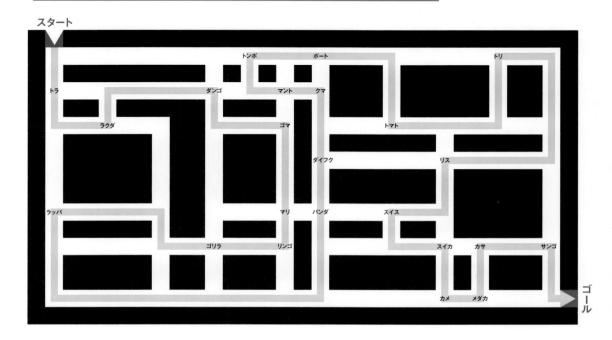

名探偵アインに挑戦

問題 098 ページ～103ページ

 答え

左	真ん中	右
（グリーン）	（ピンク）	（レッド）

 答え

左	真ん中	右
（パープル）	（ブラウン）	（イエロー）

 答え

左	真ん中	右
（ホワイト）	（ブルー）	（グリーン）

Staff

【構 成】
空伝妥模四

【装丁・本文デザイン・イラスト】
渡川光二

【Special Thanks】
シモダユウスケ　タカハシヨウ　古都枝茂子

※本書は 2014 年に刊行された『やる気スイッチが入る！ アインシュタイン式 子供の論理脳ドリル』（東邦出版）を、新装版として再刊行したものです。

新装版　やる気スイッチが入る！
アインシュタイン式　子どもの論理脳ドリル

2021 年 11 月 18 日　初版第 1 刷発行

編　者　　アインシュタイン研究会
発行者　　岩野裕一
発行所　　株式会社 実業之日本社
　　　　　〒 107-0062
　　　　　東京都港区南青山 5-4-30
　　　　　CoSTUME NATIONAL Aoyama Complex 2F
　　　　　電話 03-6809-0495（編集／販売）
　　　　　https://www.j-n.co.jp/

印刷・製本　大日本印刷株式会社
©Einstein kenkyukai 2021 Printed in Japan
ISBN 978-4-408-42113-1（書籍管理）